I0787716

LA VIOLENCIA CONTEMPORÁNEA

Notas sobre la incesante e insensata violencia.

Oscar Strada

ISBN: 9781719988360 Sello: Independently published

*A Fina, el Aleph de mi Biblioteca
de Babel*

Este trabajo resume un par de conferencias dictadas, una dentro de un ciclo organizado en Segovia, por la Dra. Luisa Borondo y otra en Petrer, organizada por Isabel Cerdán. A ambas mi agradecimiento por el estímulo que ha supuesto participar en esos ámbitos de trabajo.

Violencia

contemporanea

La violencia es un fenómeno universal que atraviesa los tiempos de la humanidad, convirtiéndose en un tema incesante e insensato.

Este fenómeno no siempre ha sido considerado un problema y en algunos momentos de la historia de los pueblos se ha percibido como una solución. La violencia, en sus múltiples formas, siempre expresa una disrupción a nivel social y se convierte en un síntoma de la sociedad, digámoslo una vez más, del malestar en la cultura.

Violencia es un concepto general que presenta formas diversas y heterogéneas y que se presenta en diferentes ámbitos tales como: sexual, ritual, de honor, de género, escolar, hacia los mayores, política, religiosa, de terror, animal, violencia sistémica, estructural directa, indirecta, moral, revolucionaria, hacia los menores, etc.

La violencia, por lo tanto, impregna toda la sociedad y es algo con lo que convivimos, casi como si fuera una realidad paralela a nosotros, paralela a la realidad cotidiana, realidad que trabaja en un "abierto misterio" y connivencia.

Nos levantamos, desayunamos, vamos a trabajar o trabajamos en casa, almorzamos, comemos, hacemos la siesta, merendamos, cenamos, nos dormimos y soñamos. Entre tanto, hablamos con amigos, vemos el telediario, como si fuéramos unos observadores externos, no participantes, como si lo que vemos y experimentamos sobre la violencia no fuera con nosotros.

Nos enteramos de que el vecino de un barrio cualquiera, que parecía educado y algo reservado, apuñaló treinta y siete veces a su pareja.

Que unos jóvenes de familias integradas, que no destacaban por ninguna característica visible especial, han acosado y violado a una compañera de su instituto.

Recordamos noticias habituales de la prensa: "Alumnos de un instituto en Cataluña, con otros amigos, golpearon salvajemente a un chico inmigrante al salir de la discoteca"; "En Barcelona golpearon a un inmigrante colombiano y lo tiraron al agua"; "En Alcantarilla, un hombre secuestró y vejó a su mujer de sesenta y seis años y a su hija de veintinueve durante un año.

Las encontraron en estado de desnutrición, al borde de la muerte". Y así, en este orden, podríamos cifrar innumerables sucesos de violencia.

O sea, sucesos, que como la peste, implican a cualquier ciudadano de cualquier edad y clase social en cualquier lugar de la geografía nacional e internacional.

Es, sin embargo, curioso observar que mientras tanto la gente se divierte, se enamora, sigue sus rutinas de siempre y pareciera que no participa en el horror y esto es lo verdaderamente siniestro, que bajo una apariencia de familiaridad, la normalidad del transcurrir de la vida cotidiana, se pierde la capacidad de asombro y de crítica.

Hemos sabido, hace poco tiempo, que el gobierno de Arabia Saudita comunicó que las mujeres podrán conducir a partir del año 2019. Mientras tanto, solo pueden hacerlo en caso de emergencia o de necesidad extrema y sabemos que las mujeres viven allí en un apartheid de género permanente y a todo el mundo y los países que comercian con ellos (Unión Europea incluida) les parece normal.

En un primer momento resultaba paradójico el anuncio de esa medida con la dilación en ponerla en marcha, pero el gobierno no tenía aún resueltas algunas cuestiones necesarias para implementarla, por ejemplo, saber si las mujeres podrían conducir sus propios coches o si serían los de sus maridos, si podrían conducir solas o acompañadas, si podrían tener cuentas corrientes propias para pagar las multas, si los examinadores del permiso de conducir serían hombres o mujeres, si las aseguradoras tendrían algún tipo de subvenciones estatales o privadas específicas.

Todas estas cuestiones imponen condiciones al colectivo de mujeres que implican una enorme violencia.

También sabemos desde hace muchos años, en estadísticas que deben ser actualizadas permanentemente, por cierto, que el hambre severo afecta en el mundo a 800 millones de seres humanos (veinte veces la población de España). Cada día mueren de hambre 25.000 niños, o sea 9.125.000 niños por año. Estos datos encierran también una evidente violencia.

Asistimos a una proliferación de la violencia o a un estallido polimorfo y hay una cierta dificultad de tener una idea clara de qué es violencia y de su legitimidad, porque hay corrientes que sustentan que la violencia no necesita encuadrarse en ningún sistema. Es decir, que hay un tipo de violencia que se nutre de sí misma.

La violencia por la violencia. Quizá a esto es lo que podríamos llamar la **violencia post moderna** o **la violencia contemporánea**, que sería esta violencia innecesaria, insensata, que no se encuadra en ningún sistema.

¿Qué quiere decir esto de que no se encuadra en ningún sistema?

Hasta el siglo XX, discurrían lo que se llamaba "los grandes relatos" es decir, el relato de los bloques, del socialismo, del capitalismo, de la tercera vía, de la rebelión de los países colonizados, del racismo del apartheid, de las revoluciones latinoamericanas, las reivindicaciones feministas, las rebeliones estudiantiles, etc. Estos relatos podían incluir la violencia necesaria y se comprendía que los desarrollos sociales no podían hacerse sin algún tipo de violencia. Todo esto suponía que los episodios de violencia que podrían desplegarse, estaban contextualizados y se podían entender desde el mismo relato.

La caída de los grandes relatos deja a este fenómeno descontextualizado, de tal forma que lo que no se integra, retorna a lo real y uno de sus retornos es la misma violencia. La violencia contextualizada no es lo mismo que la descontextualizada, que no se integra en ningún relato, y que produce esa violencia que se nutre de sí misma y es lo característico de la violencia contemporánea.

En ***Los Hermanos Karamazov***, la famosa novela de Dostoievsky, uno de sus personajes, Iván, desplegó una famosa sentencia que decía: "Si Dios ha muerto, todo está permitido". Esto querría decir que, si no hay ninguna normativa superior, la violencia podría quedar liberada.

Jacques Lacan rebatió esta sentencia diciendo que "Si Dios ha muerto, nada está permitido", porque si Dios ha muerto, aflorarían los que intentarían colocarse en ese lugar o se desarrollarían los hipercontroles como un florecimiento superyoico, que haría que se autorizarían a sí mismos a ejercer todo tipo de violencia y por lo tanto nada debería estar permitido, fuera naturalmente de lo que escaparía a esos hipercontroles.

Cuando la ley no está en ningún lado, puede pasar un desastre o puede ser reforzada permanentemente.

El control insensato y las reglas sin fundamento pueden proliferar, por ejemplo, en las Maras o cualquier grupo terrorista, o en los mal llamados lobos solitarios, que instauran sus propias leyes letales. O sea, la violencia desregularizada, quizá la peor.

Claro que antes de que sea necesario instaurar controles, uno puede preguntarse entonces, ¿qué entendemos por violencia y por qué surge? Debemos tratar de darnos una respuesta a estas preguntas fundamentales.

La violencia es un comportamiento o actitud que consiste en ejercer una privación o una coacción a algo que es importante o esencial al otro como persona, como podría ser algo del orden de un derecho humano, moral o de un aspecto vital o corporal. Por ejemplo, se puede dejar de hablar a alguien, como en el mobbing, o hablar amenazando o no dejar hablar al otro, es decir, se atacan los derechos.

Otro tipo de violencia es la expresión de conductas de dominación o sometimiento físico.

Esta privación de derechos o inclusive de daños físicos, puede no tener como agente a un sujeto físico, sino ser expresión de un sistema. Formaciones sociales como el apartheid, el racismo y toda forma de exclusión social y de pobreza extrema son también formas de violencia.

Otras privaciones, como el acceso a la alimentación, a la atención sanitaria, a la vivienda, a los derechos humanos en general, son formas de violencia estructural.

Hay privaciones que son expresiones del mal absoluto, como fue Auschwitz, o los secuestrados y torturados por las dictaduras argentinas y chilenas.

Hay violencia cultural en videojuegos, en films como los westerns o directamente bélicos, o que reivindican la justicia ciudadana como la serie de películas que protagonizó Charles Bronson, interpretando a un arquitecto justiciero que tuvo una enorme aceptación popular, y a cuya estela llegaron a formarse patrullas de vecinos armados en EEUU.

Por eso hay formas de presentar la violencia que amortigua su fin destructivo, por ejemplo a través de los dibujos animados que pueden encerrar una enorme crueldad bajo formas edulcoradas o infantiles porque según como se presente la violencia puede ayudar a legitimarla o a condenarla.

El violento puede ser presentado como un héroe o un villano. Asimismo, la víctima puede ser presentada como culpable o merecedora del ejercicio de una conducta violenta sobre ella.

Otra forma de facilitar la asimilación de la violencia en el cine es asociarla al humor, negro o blanco, como en las películas de Quentin Tarantino, que pueden desplegar un enorme ejercicio de violencia matizada con situaciones más o menos cómicas.

Otra forma de asimilación de la violencia es asociarla al deporte, como la lucha o el boxeo, que ha sido deporte olímpico o como en el fútbol, donde la violencia es aceptada. Golpear la pierna del otro, puede ser simplemente una falta de juego. La conciencia moral no ve ninguna contradicción, aunque se produzcan fracturas importantes e invalidantes.

Las corridas de toros, donde se invoca la muerte del animal, y en cuyo espectáculo subliminalmente está siempre presente la posible cogida y muerte del torero, es una violencia asimilada culturalmente.

La crucifixión de Cristo y toda la iconografía pasionaria, encierra también una violencia asimilada y transmitida. Las ejecuciones en los países que mantienen la pena de muerte, pueden ser retransmitidas o presenciadas. Eso está reglado y permitido. Estas son formas que satisfacen la pulsión escópica en su componente letal.

Cada cultura en general tiene formas de representación de la violencia asimilada. Por ejemplo, en las pinturas rupestres y primitivas las acciones de violencia ligadas a la supervivencia son tan frecuentes que son consideradas como testimonio de la inevitable lucha por la supervivencia de la especie.

¿Cuáles son los condicionantes de la Violencia?

Se pueden dar respuestas diversas. Señalaremos cuatro de ellas:

Desde la Filosofía:

El filósofo inglés Thomas Hobbes entendía que la violencia es consustancial y natural al ser humano. Hobbes, en su *"Leviatán"* (1651), afirma que "todos los hombres en su estado natural tienen el deseo y la voluntad de causar daño". Y también es el autor de la famosa frase "El hombre es un lobo para el hombre".

Es la formulación que corresponde a la creencia negativa de lo que llamaría la propia naturaleza humana, lo que considera intrínseco a lo humano. La maldad y el infierno no serían los otros, como formulaba Jean Paul Sartre en *"A Puertas Cerradas"*, sino la maldad sería lo propio de los unos: los humanos.

Desde la Neurociencia:

El neurólogo Antonio Damasio piensa que nuestro cerebro de primate originario se ha ajustado a la supervivencia, y que la violencia se encuentra en nuestro programa genético, al que luego se ha adherido la existencia de un componente histórico adaptativo ligado a la autodefensa, esto es el aprendizaje, y a la protección de la especie humana y del propio grupo social de pertenencia.

Desde la neurociencia, se tiende a explicar este fenómeno por la estimulación de ciertas zonas del cerebro, especialmente el lóbulo pre-frontal, cuyo desarrollo estaría ligado a las conductas violentas y que además en el hombre incidirían los volúmenes de testosterona.

También sostiene que los desequilibrios en los niveles de la serotonina, cuando ésta es baja, no logran atenuar la irritabilidad y que los inhibidores de la recaptación de la serotonina pueden aumentar los niveles de este neurotransmisor como coadyuvante para la gestión de la ira en la que estarían comprometidos el hipotálamo y la corteza pre frontal.

Otra hipótesis que plantea es buscar la relación entre las conductas sexuales y la agresividad. De modo que, los grupos neuronales con una estimulación de baja intensidad se manifestarían como deseo o actividad sexual. A mayor intensidad de estimulación se transformarían en violencia, siendo el mismo grupo neuronal el responsable de ambas manifestaciones. Esto tendría importancia según esta disciplina, en la violencia de género.

Esta corriente también sostiene que existen umbrales de tolerancia a la violencia diferenciales, que hacen que algunas personas con bajo nivel de tolerancia sucumban más frecuentemente a la presión social y que transijan fácilmente ante la invitación o la emulación de la violencia.

Así, desde esta perspectiva, en *El extranjero* de Camus, el sol y su estimulación intensa sobre el nervio óptico o sobre la retina podrían convertirse en un desencadenante de una conducta violenta.

Desde la teoría Político Social:

Desde el campo social y desde la teoría política legislativa se advirtió de que la violencia debía ser controlada por la cultura y desde las instituciones. O sea, o bien la clave de la violencia está en la naturaleza y en los genes o la llave está en la cultura. Es decir, hay que contraponerle marcos, normas, leyes y dispositivos para controlarla.

El filósofo y crítico literario Walter Benjamín, ya en 1920 alertó en su ***"Crítica de la Violencia"***, de que el intento de la cultura por regular la violencia misma instituye una relación con el derecho y la justicia inevitable.

De esta forma, todo ordenamiento jurídico que persigue un medio justo necesita unos medios para lograrlo, instaurando la violencia como un mal necesario.

La organización del Estado considera que, la violencia en manos de las personas aisladas, es un riesgo que no se puede correr y por ello se faculta el uso de la violencia en el poder del Estado, igual que se considera la existencia de un derecho de guerra en ese organismo, posibilitando al militarismo el uso de la violencia como medio para los fines del Estado.

Entonces, la primera función de la violencia puede ser definida como instauradora de derecho y luego, si esto es justo, en la teorización de Benjamín, el Estado estaría igualmente capacitado para mantener ese derecho a través de un segundo tipo de violencia, cuyo fin sería el mantenimiento de las leyes. De igual manera, las leyes del Estado suprimen la división entre la violencia que funda y la violencia que mantiene la Ley. La policía y las fuerzas armadas son las que expresan mejor esta facultad del Estado en el ejercicio de la violencia. Esta sería una violencia sancionada y de acuerdo a derecho.

Dicho de otra manera, la creación del derecho es una creación de poder y como tal, es un acto de manifestación de violencia.

Esto sería un ejemplo de una **violencia** que podríamos llamar **sistémica u objetiva.**

Efectivamente, hay quienes piensan que, desde la organización del Estado y desde el derecho, es legítima esta facultad de legislar aunque esto suponga un cierto grado de violencia. Los sucesos de Cataluña de la última declaración de independencia frustrada (2017-2018), donde los manifestantes ejercieron cierto grado de violencia, subiéndose a coches policiales y destruyendo algunos objetos de uso común, fueron considerados uso de violencia, pero cuando las fuerzas policiales o del Estado intervinieron empleando la violencia, con sus enormes porras de goma, esto no se consideró estrictamente violencia, sino un uso legítimo de la violencia del Estado.

Lo mismo podríamos decir del discurso capitalista, que dispone del tiempo y de la fuerza de trabajo de los sujetos en base a un ordenamiento que regula los salarios y el poder adquisitivo o simplemente el valor de las mercancías. Es un sistema que encorseta, dice lo que va a pagar, lo que valen las mercancías y determina el poder adquisitivo.

La regulación por parte del Estado puede determinar, por ejemplo, que los sueldos suban 0,25% o un 1%, pero los seguros de vivienda, coche o de salud, u otros, pueden subir un 20%.Este mismo sistema genera canales de comunicación y propaganda que hacen que estos desfases se consideren normales.

También se acepta como normal, dentro de las reglas del capitalismo, que un trabajo socialmente improductivo, como la labor de los comentaristas llamados "tertulianos", que son como personal de servicio de 24 horas, ejerzan la función de lubricar las mentes colectivas y digan qué es lo que hay que aceptar o qué es bueno para el bien común. Esta es una forma sublimada **de violencia simbólica.**

Hay un engranaje normalizado que gesta la violencia impuesta por el sistema, objetiva, "sistémica", evidentemente en mayor o menor grado en todas partes, emanada de la injusticia, que propicia la usurpación por el capital de nuestra fuerza de trabajo.

Es una violencia impune, que crece abonada por otra "simbólica", la perversión del lenguaje que hoy perpetran los medios con la esencial pretensión de lograr que la "sistémica", objetiva, sea vista "normal" por sus víctimas, aquellos a quienes se expropia su fuerza de trabajo.

Es de esa situación violenta, evidente como oculta, de la injusticia económica, del sistema impuesto, del que nace la violencia subjetiva, fácilmente imputable a alguien identificable.

Desde el Psicoanálisis.

Freud alertó tempranamente en el " *Malestar en La Cultura"* (en 1930), que había que dejar de pensar que el humano era ese ser bonachón que estaba guiado por el bien, sino más bien lo contrario. Para Freud, la relación que el humano mantiene con el prójimo no es solamente de posible auxiliar y objeto sexual, sino una tentación para satisfacer la agresión, explotar su fuerza de trabajo sin resarcirlo, usarlo sexualmente sin su consentimiento, desposeerlo de su patrimonio, humillarlo, infligirle dolores, martirizarlo y asesinarlo.

En otro escrito de Freud, *"Por qué la Guerra"*, publicado en 1933, un intercambio epistolar con Einstein, a pedido de la Sociedad de Naciones, afirma que "el ser vivo preserva su propia vida destruyendo la ajena". Brutal descripción que nos lleva al tema de la agresividad en psicoanálisis.

Es evidente que, en las conductas agresivas y en la violencia, se produce un fallo en la simbolización. Lo que no se simboliza queda en cuerpo y lo que no cesa de no inscribirse en el orden simbólico, produce un fracaso de lo simbólico y determina la constante irrupción del acto.

La Agresividad

Hay un texto de dos científicos alemanes, Joaquín Illis y Christa Meves, que se llamó "*Vivir con la agresión*" y que en la traducción castellana se llama "*La Agresividad Necesaria*", que postula que la agresividad es necesaria a la autoafirmación y que lo máximo que se puede aspirar es a lograr una educación de la agresividad, o sea, un control. Esta es una idea bastante generalizada.

La agresividad tiene un carácter estructural, la violencia se refiere más a la ruptura de lazos.

La evidencia de la agresividad en el humano ha llevado a la ciencia a tratar de objetivar y tratar de explicar este fenómeno.

La agresividad es una particularidad de la libido en su faz negativa, que se ha definido como *Todestrieb* o pulsión de muerte, ya que la última consecuencia de la agresividad, en su insistencia o repetición, será la muerte.

Lacan, en su escrito sobre *La Agresividad*, hace una distinción entre intención y tendencia agresiva. Lacan coloca a la intención agresiva del lado de la neurosis y la tendencia del lado de la psicosis.

Por eso la intención agresiva está siempre en la neurosis. En cambio, en la tendencia habría algo del lado de la forclusión. Por eso, tampoco es lo mismo la agresión neurótica que la agresión psicótica.

La intención agresiva es un síntoma, es una manera de comunicarse con el otro. Es una demanda. La tendencia agresiva es algo que surge del origen mismo del yo. Esto es lo original del aporte de Lacan a la comprensión de la agresividad y es que la considera efecto del desgarramiento subjetivo original del humano, por efecto de la experiencia de espejo.

Es decir, del estadio del espejo, que determina esa forma primaria de la subjetividad humana como una forma de reacción paranoide, como la relación de agresividad. El estadio del espejo es para Lacan la paranoia original del humano. Es la experiencia temprana del humano dividido por el semejante, ante el que se siente agredido o agresor. El resorte de la agresividad humana es la especularidad imaginaria.

Esto significa que la paranoia se instala en el ser del humano y por otra parte que el fundamento de la agresividad es la identificación narcisista y la estructura del yo.

También Lacan interpreta que la civilización actual, al producir un aislamiento del individuo frente a la anterior familia extensa y comunitaria que obraba como freno pulsional, reactiva la paranoia estructural y por lo tanto la tendencia hacia la agresividad. La soledad en la multitud es también un signo contemporáneo, que alimenta aún más la agresividad.

Parte de la agresividad que se traduce en la violencia está incluida en el discurso capitalista de la industria del entretenimiento. Hay un vídeojuego que se llama *Bully*, que es un juego de violencia escolar, donde un niño vive en una especie de colegio interno y que por sus acciones gana puntos. Esas acciones consisten en golpear a sus compañeros y hacer destrozos escolares. A mayor agresividad, mayor puntuación.

Un ámbito en que la agresividad como condición toma una forma específica es el campo escolar.

La violencia en las escuelas tiene muchas variantes, desde el desafío a la autoridad y a las normas, hasta el destrozo de mobiliario y el bullyng, como una forma de acoso escolar que puede llegar hasta la inducción al suicidio.

También en ese ámbito y como formas perversas de aprendizaje en casos de acoso escolar y violencia de género, se pueden presentar muy tempranamente en niños de P5., que son capaces de realizar toda la pantomima de una verdadera violación.

Como psicoanalistas sabemos que, cuando los niños y los adolescentes acosan a otro, hay siempre algo de intolerable que esos acosados encarnan sin saberlo. Desgraciadamente, esta ignorancia no protege a los niños y niñas del acoso y esto puede tener consecuencias trágicas. Ya hemos tenido suficientes muestras en los últimos años. Y nosotros nos preguntamos ¿por qué determinados niños o niñas son objetos de acoso y otros no?

Cuando nos encontramos con casos de mujeres que reinciden en la elección de hombres maltratadores, observamos el mismo fenómeno.

Nos parece evidente que aquellos niños y niñas que son objeto de acoso presentan **una posición subjetiva de sumisión al Otro, cuyas causas desconocen**. Digamos que inconscientemente y de una manera totalmente involuntaria, facilitan la tarea a los acosadores, se lo ponen más fácil.

De la misma manera que hay personas que pueden ser hipnotizadas o sofronizadas con facilidad y otras que nunca podrían ser objeto de hipnosis. Ahí es donde la práctica analítica puede ayudar a esos sujetos a subjetivar y a rectificar esas posiciones. Esto no significa victimizar a las víctimas, sino poner el acento en un factor subjetivo pasible de rectificación.

En el plano de la subjetividad, la misma palabra "violencia" remite por un lado a la idea de dominación, efracción, imposición y negación de la alteridad y por otro lado, se relaciona con una fuerza vital, sobre todo si se piensa en los fines. Por ejemplo, la violencia que una madre o un padre puede ejercer para poner a salvo a su hijo ante el ataque de un tercero. O la violencia que una persona puede ejercer para interponerse ante la agresión de un hombre hacia una mujer. Esta es la ambivalencia del uso de la violencia, que puede segar vidas, pero también puede salvarlas.

Aquí se puede ver **el juego de la violencia entre un impulso de vida y otro destructivo, de muerte,** lo que expresa la conflictividad subjetiva inherente a la violencia misma.

Indudablemente, hay un juego también entre la representación psíquica (*vorstellung representanz*) de ese impulso y el estado somático que la acompaña. Desde la ciencia, se puede entender que el cerebro sea capaz de comprender el estado somático y el escenario fantasmático que determine la descarga pulsional y dirija la acción, y otra cosa diferente es la significación que para un sujeto puede tener esa descarga emocional o pulsional. Una operación que pueda inscribir tanto el proceso cognitivo consciente que acompaña a la acción como la naturaleza del impulso que corresponda a la realidad interna inconsciente. Esta distinción tiene sus consecuencias legales.

Más allá del marco jurídico social, y de la teoría política que sienta las bases de una violencia ejercida y otra padecida, no existe un consenso sobre las causas de la violencia, ni tampoco sobre los factores desencadenantes y mucho menos aún sobre las formas de control de la misma. Y actualmente nos preguntamos por la insistencia de esos comportamientos agresivos y en especial cuando se vuelcan sobre la infancia y las mujeres, que ponen de manifiesto no solo la asimetría que existe en las relaciones entre los sexos, sino el poder ejercido de unos sobre otros o de una clase sobre otra clase.

Estas cuestiones nos interesan porque consideramos que la violencia es un hecho de la cultura. La violencia está determinada por la cultura. Una colleja en clase, hasta hace muy poco, por ejemplo, no era violencia. Matar a una mujer por adultera en países islámicos no se considera violencia, practicar la ablación o lapidarla tampoco.

El bofetón a los hijos, se considera un derecho paterno. Si uno lo hace fuera de estos lazos, puede llegar a pagar una multa por algo considerado una falta. El humano no nace violento, se torna violento. Las condiciones de vida y de trabajo y los impactos de los fracasos de la vida y los modos de goce que no son modulados por los procesos de elaboración adecuados crean las posibilidades de esas conductas.

La violencia hacia los menores

Para tener una idea más o menos clara de la dimensión de este fenómeno, debemos recordar que cuando hablamos de violencia hacia los menores estamos refiriéndonos a un colectivo que representa del 15% al 40% de la población mundial y además se trata de un grupo sociológico cuyo destino natural es crecer y pasar a formar parte de otro colectivo mayor que lo comprenderá hasta su muerte.

Este simple hecho irreversible significa que las marcas, o las experiencias que se impriman en la subjetividad y en la vida real de estos sujetos, les acompañarán durante su vida y condicionarán las relaciones sociales, personales, profesionales y, en suma, toda su vida futura. Por ello, toda violencia hacia los menores en este sentido implica cierta perversión. Y el hecho máximo de la perversión hacia los menores es que generalmente, los que prodigan la violencia son los encargados de su protección. O sea, cuidadores, guardadores, educadores, e inclusive sus propios padres, progenitores o no.

Esto es literalmente una forma de perversión. Y las figuras y agentes son entonces Padres, Educadores, Sacerdotes, Cuidadores, Entrenadores, Profesores, y todos aquellos que se atribuyan y se legitimen como portadores del poder de protección, cuidado y orientación.

Por ello, los ámbitos predominantes en que tienen lugar las conductas de violencia y maltrato hacia menores son: el Hogar familiar, la Escuela, la Iglesia, el Deporte y las Instituciones Educativas en todas sus vertientes, públicas y privadas.

Toda situación que instituya la figura de alguien que tenga a su cargo la protección y cuidado de un menor, es potencialmente un posible maltratador o agresor, y aunque concurran ciertas características personales, se configura una situación asimétrica de desigualdad instalada en la dialéctica del amo y el esclavo.

Los menores son un colectivo privilegiado por los maltratadores por la natural situación de precariedad emocional, física y social en que se encuentran. Digamos que, a pesar de las leyes de protección social que se han articulado en el devenir de los años, existe "*per se*" una situación de vulnerabilidad irreductible.

Por eso existen en todo el mundo asociaciones de defensa de los derechos de los menores y hasta las mismas Naciones Unidas han tenido que elaborar un decálogo de los derechos universales de los niños. Y en todos los Estados democráticos y en sus órganos de administración política, existen unos organismos, en forma de Ministerios, o Direcciones Generales que velan por la Minoridad, condición que excede la Infancia y comprende la pubertad y la adolescencia, y que se extiende administrativamente al menos hasta los 18 o 21 años.

Existe una **Violencia Directa** sobre los menores, que tiene la forma de maltrato físico o psicológico, que puede llegar hasta el infanticidio y filicidio, pero cuyas modalidades más frecuentes son el bullyng, los maltratos parentales, la pederastia y los abusos sexuales.

Violencia Indirecta sobre los menores es la que sufren en su condición de hijos de víctimas de violencia de género y toda situación en la que no son los destinatarios directos de la violencia, pero participan de ella vicariamente o subsidiariamente al no tener la libertad o capacidad de privación de la misma. Por ejemplo, ser testigos o espectadores de actos violentos en cualquier ámbito.

Y existe una **Violencia Estructural** cuando son víctimas de la pobreza, el desamparo o la falta de desarrollo del medio en que viven.

Y por último, algo que caracteriza a los menores es la **Violencia Simbólica** de la omisión del derecho de opinión y acción determinada por su condición.

Otra característica de la violencia hacia los menores es el enorme espectro que puede alcanzar a nivel mundial donde la OIT, Organización Internacional del Trabajo, registra más de 220 millones de niños víctimas de explotación laboral, de ellos 132 millones en tareas agrícolas, más de 2 millones atrapados en redes de comercio sexual, 300.000 niños soldados y más de un 1 millón de víctimas del tráfico de niños.

La posición de vulnerabilidad de los menores es ancestral y seguramente se podría registrar en todas las épocas y los tiempos. Dejemos esta tarea a los historiadores, pero es evidente que en los últimos años, y quizá éste sea el carácter contemporáneo del fenómeno, han comenzado a surgir testimonios en diferentes países que ponen de manifiesto el infierno en que han vivido infantes y jóvenes, como siempre dentro de un marco de aparente normalidad.

Tomaré un par de casos individuales y dos colectivos de abusos sexuales para ejemplificarlo.

James Rhodes, famoso concertista de piano, escribió un testimonio impresionante que llamó "*Instrumental*", denunciando que fue objeto de abusos sexuales durante cinco años y de forma continuada, cuando tenía cinco años por parte de su profesor de Educación Física. Lo notable de este testimonio es que relata las secuelas psíquicas y físicas que padeció, las cuales lo llevaron a varios intentos de suicidio, trastornos mentales severos con ingreso en hospitales psiquiátricos, autolesiones y una disfuncionalidad social prolongada durante varios años, que afectó a su vida familiar y profesional. Él mismo describe los efectos secundarios de este manera: *"autolesiones, depresión, adicción al alcohol y a las drogas, cirugía reparadora, trastorno obsesivo compulsivo, disociación, incapacidad de mantener relaciones funcionales, rupturas maritales, ingresos forzosos en instituciones mentales, alucinaciones (auditivas y visuales), hipervigilancia, síndrome de estrés post traumático, confusión y vergüenza asociada al sexo, anorexia y otros trastornos de alimentación. Esos fueron algunos de mis síntomas causados por los abusos sexuales crónicos. Todos han formado parte de mi vida hasta hace muy poco, algunos no los he superado y los abusos que viví ocurrieron hace treinta años "*

Rhodes, según testimonia, ha podido superar parcialmente el trauma vivido a través de la música y de una actividad militante, promoviendo las denuncias y las actividades de prevención contra la violencia hacia los menores. Recientemente, el 3 de agosto de 2018, publicó en el diario El País una carta abierta al Presidente Pedro Sánchez, en la que aboga por la creación de nuevas leyes para erradicar la violencia contra menores que se centre en medidas preventivas.

El 8 de octubre de 2011, en la ciudad de Córdoba, dos niños de 2 y 6 años fueron adormecidos con una combinación de ansiolíticos y antidepresivos y luego asesinados e incinerados por su padre en una pira que había construido en una finca familiar, llamada curiosamente "Las Quemadillas".

Este macabro hecho, cuidadosamente planificado por el padre de los niños, José Bretón, un ex militar que había estado en Bosnia, tuvo por objeto escarmentar o vengarse de la madre de los niños, de quien se encontraba separado poco tiempo antes, por deseo de ella.

El asesino utilizó un fin de semana de tenencia de sus hijos para llevar a cabo ese funesto designio. Disfrazó el asesinato denunciando la desaparición de los niños en una supuesta visita a un parque de esparcimiento, visita que nunca se produjo, ya que él visitó ese lugar solo y tras haber asesinado a sus hijos horas antes, como se comprobó por las cámaras de vigilancia. Un mes antes de los hechos, acumuló la gasolina y material necesario y compró en una farmacia los medicamentos que tiempo atrás le había prescripto un facultativo. Este caso, llamado el caso Bretón, tuvo un despliegue mediático muy importante, porque hasta 10 meses después de la desaparición de los niños, la policía no pudo confirmar que los restos hallados en la hoguera en las Quemadillas eran de dos niños de entre 2 y 6 años.

Hasta entonces habían tenido lugar numerosas marchas y búsquedas por toda la zona lindante, realizadas incluso por la Interpol. El propio Breton había participado inicialmente en esas búsquedas. Finalmente, fue detenido por contradicciones en sus declaraciones e ingresó en prisión dos meses después de los sucesos, pero afirmando su inocencia. Ha pasado ya 7 años en prisión y Bretón sigue manteniendo su versión de que los niños se perdieron en el parque y que él no es el asesino. Fue condenado a 40 años de prisión que luego se redujeron por cuestiones técnicas a 25 años, condena que está cumpliendo aún.

Más allá de la evidente personalidad psicopática del asesino, que llegó a decir en un juicio "que daría la vida entera por sus hijos y que los quiere con locura", meses después de asesinarlos, lo que queremos señalar es la indefensión de los niños y el uso como objeto de cambio, para recibir algo que esperaba y no obtenía de su ex mujer o como privación a ella de un objeto precioso.

Es decir, el asesino quería obtener algún beneficio, algún tipo de acercamiento con su ex mujer y ofrecerse como colaborador en la falta que él había provocado y al mismo tiempo castigarla por intentar separarse de él.

En cualquier caso, el uso de los niños como objetos de intercambio entre adultos les convierte en objetos, que inclusive pueden ser desechados, destruidos y aniquilados.

Otro caso de características similares es el asesinato del niño de 8 años, Gabriel Cruz, en febrero del 2018, a manos de Ana Julia Quezada, entonces novia de su padre.

Ana Julia llevó al niño a una finca familiar que estaban reformando, con el pretexto de pintar juntos una pared y allí le asestó un golpe, lo estranguló y lo enterró en una fosa que previamente había cavado.

El pequeño Gabriel era fruto de una relación anterior del padre y la motivación de este asesinato fue la negativa del padre a trasladarse a vivir a la República Dominicana, de la que Ana Julia era oriunda, debido justamente al deseo del padre de no separarse de su hijo, que vivía con su madre en la Hortichuelas de Níjar, en Almería.

A semejanza del caso Breton, el niño fue declarado desaparecido, y Ana Julia participó activamente en su búsqueda, que también tuvo un gran despliegue mediático, haciendo declaraciones con gestos televisivos de consternación y consuelo hacia su padre.

Después de 12 días de búsqueda infructuosa, que cubrió más de 600 kilómetros, la policía, que sospechaba de ella, le tendió una trampa haciéndole creer que iban a investigar en la zona donde ella había escondido al niño. Este hecho la obligó a intentar cambiar de lugar el cadáver, oportunidad en la que interceptaron su vehículo y la detuvieron, hallando el cadáver del niño en el maletero del coche.

Una vez más, un niño paga con su cuerpo y con su vida, las desavenencias de los adultos. Una vez más, un niño indefenso es recogido en un coche, trasladado a una finca solitaria y asesinado, simplemente porque es percibido como un obstáculo en los deseos o intereses de un adulto. Indefensión, vulnerabilidad en estado puro.

A nivel colectivo, hace pocos años han surgido denuncias aisladas en distintos países contra prácticas de pederastia dentro de la Curia y la Iglesia Católica. Algunos casos particulares han sido llevados al cine y se han registrado denuncias principalmente en América y en Europa.

Los perversos, pederastas y abusadores actúan habitualmente en solitario y tratan de pasar desapercibidos y como tales particularidades no están subsumidos en otro conjunto.

Sin embargo, desde hace muchos años se ha configurado un colectivo que destaca por sus prácticas de abusos y violaciones de menores. Y dado que este colectivo se asienta institucionalmente en diferentes países, podemos decir que es un colectivo internacional que opera en los seminarios religiosos, en curias, parroquias y otras formas de organización de la Iglesia en el mundo. Nos referimos principalmente a las organizaciones eclesiásticas de la Iglesia Católica.

Recientemente, se han hecho públicos los resultados de las investigaciones llevadas a cabo en Pensilvania, que registran abusos a más de mil menores por parte de más de trescientos sacerdotes. Esta investigación puso de relieve que esos abusos se han producido al menos desde 1963, de una manera continuada hasta la actualidad.

El Vaticano ha ratificado la veracidad de estos hechos pidiendo perdón y asumiendo "la vergüenza y el dolor". Anteriormente, se habían detectado varios casos aislados en distintos países y se tomaron las medidas pertinentes de apartamiento de esos clérigos de sus fieles y de la Iglesia. Pero el expedientar e intervenir a un colectivo tan numeroso y que implica a seis de las ocho diócesis de ese Estado no se había producido nunca.

Al mismo tiempo, se han publicado los testimonios de varias de las víctimas, como los de Mary McHallen, que describen cómo los curas acosan y agreden a personas que previamente consideran propicias por su vulnerabilidad, o como los de Jim Vansickle, que describe a sus abusadores, 37 años después, como verdaderos "depredadores sexuales".

En cada parroquia de pequeñas, medianas y grandes ciudades, durante años se han dado múltiples casos que a veces fueron conocidos, otros ignorados, pero donde siempre se ha considerado sospechoso a sacerdotes cuya dedicación a los menores no podía ocultar un goce excesivo.

Las autoridades irlandesas llevaban investigando cerca de diez años denuncias sobre abusos sexuales a menores en varios centros religiosos, especialmente en la Congregación de los Hermanos Cristianos encargados de gestionar las escuelas y orfanatos católicos estatales. Esto dio origen a una comisión de investigación llamada la Comisión Ryan, que finalmente dio a conocer sus resultados. De ello se desprende que más de 25.000 menores han sido violados por cerca de 400 religiosos durante 81 años, desde 1914 hasta el año 2000. Estos hechos no eran ignorados por el Vaticano ni por otras organizaciones humanitarias, inclusive hubo denuncias como las de la Irlandesa Marie Collins, que fue víctima de un cura pedófilo cuando tenía 13 años. En el año 2009 se produjo la dimisión de dos obispos que intentaron aplacar el escándalo público. Tuvieron lugar reuniones en el Vaticano, propuestas para controlar la situación hasta que el Papa Francisco, en agosto del 2018 ha viajado a Irlanda, como antes lo había hecho a Chile con el mismo propósito: asumir la situación y orientar las soluciones de prevención futura.

La violencia de género

El género no es un concepto psicoanalítico, para el psicoanálisis se trata de sujetos que pueden ser considerados sólo "uno por uno", por lo tanto, el género corresponde a una categoría de la cultura, y así ha sido definido.

Los hombres son todos XY y las mujeres todas XX en cualquier país del mundo, pero ser hombre o ser mujer no es lo mismo en Dakar que en Ginebra, en Tokio, en Corea o en China. Por eso el género es definido por la cultura. La tolerancia también es un hecho de la cultura.

Miguel Lorente, un médico forense español que se dedica a cuestiones de género, escribió un libro ejemplar que se llama "***Mi marido me pega lo normal***", para poner en evidencia cómo hay mujeres que cuestionan la cantidad, pero no el concepto.

El marido dice, por ejemplo, "es que siempre me lleva la contraria", como si esperara que siempre estuviera de acuerdo con él.

Hay mujeres que dicen: "A mí, mi marido no me pega, pero es que yo no le he dado motivos". O, "me pega, pero por lo menos le importo". Estos son ejemplos que señala Lorente, de la influencia de la cultura sobre la mujer y ejemplifican también lo que son las relaciones de género.

La Violencia de Género es el síntoma mayor de la desigualdad y sus consecuencias. La Violencia de Género es uno de los nombres de la desigualdad.

La violencia de género es la del hombre sobre la mujer en un 97%, solo el 3 % es de las mujeres hacia los hombres. Por eso es definida como la que ejerce un hombre sobre la mujer por el simple hecho de serlo.

Todavía y a pesar de las campañas estatales y de asociaciones de mujeres, hay dificultad en las mujeres para denunciar.

Por eso las leyes en algunos países, establecen que no es necesario que sea la propia mujer agredida la que denuncie, sino que puede hacerlo cualquier testigo.

Las mujeres no denuncian por el miedo y por la dependencia emocional y económica y hacen lo contrario que cualquiera haría, excepto en las películas, se acercan a lo que produce miedo y no se alejan, permanecen ahí.

Es probable que identificarse con el colectivo de las mujeres maltratadas, suponga una ruptura y un empuje identitario que además compromete su dependencia emocional.

La presión social sobre las mujeres maltratadas se puede entender muy bien cuando sectores de la sociedad son consultados en encuestas que arrojan curiosas cifras y emiten las siguientes opiniones:

1,4% considera a la Violencia de género es aceptable en determinadas circunstancias.

7,3 % lo considera algo inevitable, que siempre ha existido.

El 4% piensa que es algo aceptable cuando el hombre es abandonado.

El 9,2 % de las mujeres entre 15 y 18 años ha sufrido Violencia de género.

De 2003 a 2012, el 68% afirma haber sido objeto de Violencia de género de diversas formas.

En España mueren una media de entre 60 a 70 mujeres por año, o sea, cada 5 ó 6 días una mujer es asesinada. En los últimos años, esta cifra ha descendido entre 50 a 60.

Es verdad que hay denuncias falsas, pero estas no llegan al 1% de los casos denunciados. En otros sectores, como robos o accidentes de tráfico falsos, el porcentaje puede llegar al 50%. Estos datos son utilizados por el Post Machismo, que se caracteriza por mantener las referencias clásicas de la cultura patriarcal, generando dudas entre la duda, la neutralidad y el cientificismo, de las denuncias falsas, cuestionándose la realidad de la Violencia de género y ha comenzado a proliferar un discurso que cuestiona las denuncias, basado naturalmente en algunos casos registrados, y que realimenta el post machismo.

Las violaciones provocadas en estado de embriaguez es solo el 1%.

Las violaciones terminan en embarazo solo en un 5%.

Otra característica de la violencia de género es que concierne a todas las edades. Se registra una tendencia a manifestaciones en edades cada vez más tempranas, comenzando por el maltrato entre adolescentes, que ha crecido en un 30% en los últimos años, y que ya ha producido en España, asesinatos de mujeres menores de edad a manos de jóvenes de 18 años.

Se están produciendo entre los jóvenes comportamientos que reproducen patrones de dominancia a través del control y las niñas adoptan actitudes de sumisión y complacencia.

Actualmente ya hay sentencias sobre el control del Wasap que ponen de manifiesto el estereotipo del hombre fuerte y la mujer débil y dependiente necesitada de protección, que es un síntoma de riesgo de violencia.

El hecho maldito de que en España, desde hace más de diez años, promedio, pueda morir una mujer cada 5 días y 18 horas y 20 minutos, a manos de un hombre, definido como su "compañero sentimental", marido o ex marido, es decir, asesinada por un hombre que estaba en el lugar de amado, amante o ligado por lazos afectivos legales o no, nos lleva necesariamente a preguntarnos qué condiciones hacen posible la aparición masiva y sostenida de semejantes conductas.

Durante el período señalado, solo en el 2005, 2006 y 2009, y 2015 la cifra de mujeres asesinadas fue inferior a ese promedio fatídico de 70 mujeres promedio por año.

(2003:71; 2004:72; 2005:57; 2006:69; 2007:71; 2008:76; 2009:56 y 2010:71)

Lo que motiva esta nueva reflexión sobre el tema es la insidiosa persistencia de este hecho y la casi invariancia de la cifra y la cadencia asesina: una mujer cada 5 días, 3 horas y 20 minutos, entre 2003 y 2010. Y hasta el 2015, una mujer muerta cada 6 días.

En los años 2016 y 2017 se ha producido un ligera bajada de muertes entre 50 y 60 víctimas.

Una primera lectura podría poner en cuestión todas las variables externas que inciden sobre este fenómeno, como la puesta en marcha del **016**, las campañas nacionales, autonómicas, provinciales y locales, las de obras sociales de las entidades financieras, y fundamentalmente la campaña que desde el gobierno se ha llevado a cabo desde las instancias ministeriales, la secretarías de estado y de las unidades nacionales contra la violencia de género, en las que se ha logrado circunscribir variables ligadas directamente a causas desencadenantes de la agresión, tales como el tiempo de convivencia de la pareja anterior a la agresión, la situación coyuntural de la relación de pareja, el origen de las mismas, dependencia económica de la mujer y otras.

Y, si atendemos al incremento del número de denuncias por distintas vías y a la labor de los juzgados de violencia, y las sentencias que ha dictado, así como el impresionante volumen de medidas provisionales adoptadas en cada caso, es evidente la eficacia de las campañas, pero que sin embargo no alteran la invariancia fundamental: los asesinatos continúan.

Sin duda, se puede sostener la hipótesis de que en ausencia de dichas acciones el número de mujeres muertas sería exponencialmente superior, pero no es suficiente para dar una respuesta a la cuestión anterior.

Por ello es necesario intentar hacer una lectura y una interpretación de estos hechos constitutivos de lo que llamamos "Violencia de Género" y que, recordemos, tienen las siguientes características:

1ª- Las agresiones y asesinatos son exclusivamente de hombres hacia mujeres; el porcentaje de mujeres hacia hombres no es ni siquiera estadísticamente significativo.

2ª- Las agresiones no son en defensa propia, son actos con intencionalidad unidireccional de causar daño y de producir la eliminación física de las mujeres.

3ª- Estos actos son transnacionales, y España ocupa un lugar significativo dentro de Europa, en una comparativa con otros países.

En algunos países latinoamericanos como Méjico, Brasil y Argentina, las cifras son sustancialmente muy superiores.

Consideramos en una primera hipótesis necesaria, que se trata de actos de odio o de furia asesina, provocados por una caracterización del hombre hacia la mujer como enemiga a eliminar, sostenida durante un cierto período y habitualmente no desencadenados por una situación inmediata, sino en el marco de un tipo de relaciones y de vínculos de pareja.

Es decir, no se trata de reacciones emocionales que producen un trastorno transitorio, sino de actos que son efecto de un proceso subjetivo duradero intenso y sostenido, con la certeza de que quien lo realiza no es refractable a sentimientos de culpa o de rectificación subjetiva durante ni después del acto delictivo.

Cuando la agresión no conduce a un acto asesino, es posible constatar que el agresor trata de ocasionar el mayor daño posible, premeditado y proyectado, como por ejemplo rociar con gasolina o con ácidos que provocan lesiones irreversibles en las mujeres.

Son actos en los que hay un goce anticipado del daño que se va a causar. Actos de odio que evocan la dialéctica conversiva del amor- odio o la manifestación de un sentimiento interno larvado y profundo.

Hay autores que han elaborado una especie de tipología del hombre asesino de mujeres como la del "hombre abandonado", que suponen que han perdido un objeto de su propiedad, el " hombre celotípico", que trata de ocultar y negar su furia y odio por el rechazo hacia su dependencia afectiva de la mujer, el "hombre violento", que se excede en sus reacciones habituales, el "hombre desatendido", que castiga a la mujer porque no cumple con su supuesta obligación natural, el "hombre humillado", en su honor imaginario, es decir en su narcisismo.

Pero también hay ese otro asesino que no se encuadra en ninguna tipología, ese que parece no darse por enterado del crimen que comete, ese hombre que parecía un hombre normal, afable y buen vecino. Ese hombre que como Eichmann, en el que Hannah Arendt constató con horror la evidencia inapelable de que ese personaje siniestro que había enviado a millones de seres humanos a la cámara de gas, carecía totalmente de "toda profundidad demoníaca". Era simplemente un puro representante de la" banalidad del mal". Eichmann, que padecía una afasia moderada, tenía dificultad para expresarse y en el juicio confiesa "mi único lenguaje es el burocrático". Arendt pone de manifiesto que Eichmann era incapaz de pronunciar una frase que no fuera una frase hecha, o sea un cliché.

La vacuidad de sus expresiones iba de la mano con su incapacidad para ponerse en el lugar del otro, casi para pensar independientemente y con libertad de los lugares comunes. Él siempre afirmó que cumplía con su deber y con la ley.

Eichmann es un ejemplo de esos hombres vacíos, que encierran una gran peligrosidad porque ese vacío mismo es el que libera la pulsión de muerte. Freud lo ha conceptualizado como "Bandigund" domeñamiento, para indicar que el yo admite la pulsión sin represión. Sin objeción alguna.

Es decir, existen esos asesinos maltratadores de mujeres, que parecen no tomar nota simbólica del acto que cometen, como si no les importara, y que no atinan a dar respuesta alguna, ni siquiera la del personaje de Camus en *El* Extranjero, probablemente porque ya son hombres extranjeros de sí mismos, extranjeros a la especie. Hombres no redimibles.

Sin embargo, en el caso de la violencia de género, todos estos actos que cursan con un odio feroz y asesino no constituyen en rigor ninguna enfermedad mental definida y al carecer de una etiología específica, y no ser un trastorno psiquiátrico ni psicológico, tienen un componente moral que conlleva una condena penal y en tanto se definen como un trastorno de género se convierten en una violación de los derechos humanos universales.

Ahora bien, más allá o más acá, de la condena moral y penal que debe acarrear la consideración del cuadro que describimos, es necesario tratar de formular unas causas que expliquen por qué se da sólo en hombres, por qué no se da en todos los hombres o si por el contrario todos los hombres son asesinos potenciales de mujeres.

¿Hay una etiología posible de la Violencia de Género?

Para responder a estas preguntas se podrían desplegar diferentes modelos explicativos, y señalaré algunos de ellos.

Desde la neurociencia, como ya señalamos, se tiende a explicar este fenómeno en el hombre por el volumen de la testosterona y por la estimulación de ciertas zonas del cerebro, que con una estimulación de baja intensidad se manifiesta como deseo o actividad sexual y que a mayor intensidad de estimulación se transforma en violencia, siendo el mismo grupo neuronal el responsable de ambas manifestaciones.

Desde el campo de la cultura, el primer modelo explicativo y el más antiguo de este fenómeno es considerar a la agresión y asesinato de mujeres por parte de los hombres, como una consecuencia del modelo patriarcal en el sentido de "patria potestas" del antiguo derecho romano, que daba al padre el derecho de disponer de la vida de sus hijos como la de sus esclavos.

La potestad de la muerte se ha desplazado en la sociedad moderna sobre la mujer, tanto más cuanto se la ha situado en el lugar del esclavo.

El derecho asimétrico de disponer de la vida y de la muerte fue simbolizado por la espada que era portada incuestionablemente por los hombres.

Es interesante constatar que en la versión actual, Quentin Tarantino en su film "Kill Bill", hace encarnar a una mujer (Uhmma Thurman) víctima de una feroz agresión de género, el rol justiciero portando una espada implacable.

Actualmente, la espada es la espada simbólica de Damocles, que se cierne sobre la mujer, renovando una nueva angustia frente al poder masculino que administra la vida y la muerte.

El poder se significa a través de la sangre con una función simbólica. Un hecho de sangre, aureola de la muerte, es lo que produce un hombre a una mujer como afirmación de esa posibilidad que afirma el poder hacer vivir o hacer morir.

La función simbólica se ratifica como una correa significante, al unir sangre y sexo, sangre y género, como señaló Foucault, porque ambos términos son del orden de las regulaciones simbólicas.

De esta manera, el hombre asume el papel de amo, con la función de vigilar y castigar a una mujer.

Otro modelo explicativo general al que podemos apelar es señalar que estos actos encierran **una misoginia latente o militante**, que podemos encontrar de manera extendida en amplios sectores de la población e inclusive en intelectuales españoles que despliegan esta actitud periodísticamente sostenida e influyente como por ejemplo en Francisco Umbral.

El término misoginia proviene del griego "miseo" que significa odiar y de "gyne", mujer y designa el rechazo la aversión o el odio del hombre hacia la mujer.

Hay una historia de la misoginia desde la antigüedad, como podemos ver en el texto de Holland, "*Una breve Historia de la Misoginia*", cuyo subtítulo es "el prejuicio más antiguo del mundo".

Otro texto interesante es "*Facetas de lo Femenino en la antigüedad*" de Rosario López y Luis Unceta (comp.).

En un estudio biográfico de Anna Caballé sobre Francisco Umbral, podemos encontrar registrada profusamente la misoginia de este autor.

En "*Los Amores Diurnos*", un libro escrito por el autor en el contexto de una relación que tuvo con una joven escritora reivindicativa, relata dos sueños muy esclarecedores de su relación con la mujer.

En el primer sueño, el narrador se ve obligado a convivir con una sombra que no se separa de él y cuya presencia le oprime la garganta hasta ahogarle. Lo llama el "opresor de gargantas". El narrador convive angustiado con una especie de sombra, que como una mantis religiosa o un parásito intuye que busca su destrucción y sobre todo del órgano de la voz, la palabra.

En el segundo sueño, el narrador se despierta horrorizado después de haber perdido su falo, que se le ha desprendido al retirarse del coito, quedando atrapado en la vagina con la que ha tenido relaciones. En el lugar del falo, le ha quedado un agujero perfecto y limpio, un hueco, un vacío que rellena con periódicos que insinúan el bulto del sexo desaparecido. Es ahora un hombre sin atributos masculinos, que va por las calles angustiado ante el temor de encontrarse con mujeres a las que no podrá satisfacer.

En otros fragmentos de la misma obra, imagina a una mujer a la que abandona medio muerta en medio de la casa después de vejarla y donde la mujer ocupa los lugares más sórdidos de su vida y que aparece como impedimento, como obstáculo en el camino soberano del varón y a la que sueña ver como una mujer destinada a ser traspasada a cuchilladas.

Las mujeres en la obra de Umbral son mujeres casi idiotas, invadidas por un imaginario deseo de masculinidad, perversas, inmaduras, a las que llama "yogurinas", "bollicaos", o simplemente "putitas", mujeres en posición subalterna, cuerpos vacíos por dentro "hasta que un varón las llene de leche", fascinadas por el falo mitológico del autor la que define en "la fábula del falo" y en la "Bestia Rosa", como un falo "Tardobarroco", con la capacidad de eyacular un semen "eucarístico".

Las mujeres en la obra de Umbral protagonizan a prostitutas, siervas, burguesas, aristócratas viciosas y adolescentes fronterizas.

El deseo sexual en la mujer, para el autor, es casi siempre degradante y para el hombre es un símbolo de poder.

Desgraciadamente, no es este el único escritor que padece esta afección, basta con recordar a Rousseau, autor del Contrato Social, que obviamente excluía a las mujeres de cualquier plano de igualdad.

Me he extendido en estas consideraciones porque son un notable ejemplo de cómo opera la misoginia y el efecto que estas formaciones mentales conscientes o inconscientes, puede tener en un sujeto masculino, ya que sitúan a la mujer en el campo del enemigo, por lo que cualquier mujer que normalmente reivindique la igualdad o sostenga los derechos que le corresponden puede traducirse en los sujetos misóginos en síntomas de inquietud y amenaza masculina, a la que se responde con una agresividad infinita.

El empuje de la mujer hacia la igualdad desestabiliza la percepción de la alteridad para este tipo de hombres y jaquea su propia identidad cristalizada.

Ante el fenómeno de la igualdad de la mujer, el hombre puede retroceder hacia el narcisismo derivando hacia formas de paranoia social, es decir, hacia la agresividad y el odio al otro.

De esta forma, la violencia de los hombres expresa el triunfo del odio en el campo imaginario y conduce a relaciones de dominación.

En este sentido, las relaciones de dominación en el campo del género se convierten en pornográficas, es decir, son del mismo orden, ya que la pornografía es producida por la fantasmática masculina, como una puesta en escena del imaginario de los hombres.

En la literatura, el texto que mejor expresa las relaciones de dominación en la fantasía masculina es la Historia de "O", de Pauline Reage, con un prólogo de Jean Paulhan, que titula "La dicha de la esclavitud".

Este best seller de mediados de los setenta, mantiene la tesis de que las mujeres desean ser humilladas, forzadas, azotadas y violadas.

La lógica de esta obra formula que los hombres desean a las mujeres y que estas desean pertenecerles y que el verdadero deseo de las mujeres es el deseo de esclavitud.

La lógica de la pornografía coloca a las mujeres en la posición de gozar de la violencia y dominación masculina.

Dominique Poggi denuncia la pornografía como un instrumento de propaganda al servicio del patriarcado que refuerza el mito de una sexualidad femenina pasiva y masoquista, al mismo tiempo que valoriza las imágenes de machos depredadores y sádicos.

La pornografía milita a favor del mantenimiento de la apropiación de las mujeres por los hombres.

He querido tomar la deriva de las formaciones imaginarias en el hombre para abordar la agresión de género, porque ésta se instala como una falla del imaginario masculino y su deslizamiento hacia la pasión del odio.

El odio es una de las tres pasiones que describe Lacan: La **Pasión del Amor** como la relación entre lo Imaginario y lo simbólico, la **Pasión de la Ignorancia**, que es la relación entre lo simbólico y lo Real, que es la que conviene al análisis, conduciendo hacia el saber y la verdad y la **Pasión del Odio**, que es la relación entre lo Imaginario y lo Real.

Es en esta relación entre lo Real y lo Imaginario, la pasión del Odio, donde debemos buscar las raíces subjetivas y profundas de la violencia de género en el plano imaginario.

La tesis de Lacan sobre la Agresividad en el Psicoanálisis, pone de manifiesto que la agresividad es la tendencia correlativa de un modo de identificación narcisista que determina la estructura formal del yo humano.

Se trata de una especie de encrucijada estructural que conduce a que la relación erótica en que el individuo se fija en una imagen que lo enajena de sí mismo, caracterizando formalmente al yo, conduce a la neurosis moderna y al malestar de la civilización.

El odio es lo que más profundamente está vinculado al ser y no hay ninguna posibilidad de superarlo, a no ser situando al sujeto en su relación con lo Real y no con lo imaginario.

¿Y cuál es el Real al que se enfrentan ciertos hombres, los que asesinan a mujeres?

¿Qué desencadena en ellos ese odio feroz y esa furia asesina?

Mi respuesta es triple:

En lo Real: La angustia de castración.

En lo Imaginario: Una falla como herida narcisista.

En lo Simbólico: La imposibilidad de aceptar el efecto de límite encarnado en la mujer como ley simbólica.

La angustia de castración es la materia prima del fantasma de la masculinidad, que encuentra en la mujer la prueba irrefutable de su realidad temida y negada proyectivamente. Esta angustia se reaviva en el hombre, tanto más cuanto la mujer sea capaz de desplegar con una determinación decidida, un discurso de la feminidad que reafirme una diferencia desprovista del referente masculino, lo que Luce Yrigaray llama la "autoafección", efecto de una nueva posición femenina que se autoriza a sí misma y que es antagónica a cualquier tipo de falocentrismo, que puede gozar de su propio cuerpo.

Esta posición potente, polimorfa, fulgurante y exuberante de la mujer enloquece al hombre en la medida en que, asumiendo la castración, puede sin embargo encarnar al falo, sin necesitar tener pene.

Es obvio que los avances de la genética, la posibilidad de engendrar un ser vivo sin intervención masculina, es decir, que haga real la muerte del padre biológico, contribuye suplementariamente a exacerbar este mal encuentro del hombre con lo real.

Hay otro mal encuentro del hombre con lo real en la mujer en tanto ésta es portadora de un goce misterioso en su propio cuerpo.

En lo imaginario, como una fase de constitución del sujeto en relación la imagen de sí mismo, que se forja inicialmente en el estadio del espejo y que es la experiencia fundamental de la conquista de la imagen de un cuerpo que estructura el yo y que lo compromete con la identificación con el semejante se juega una confrontación del humano con la diferencia sexual.

Cuando el niño se identifica en el espejo con la imagen de lo que no es él mismo y que, sin embargo, le permite reconocerse en un acto de nacimiento de lo imaginario, hipoteca parte de su yo al otro, a la imagen del otro.

Lo paradojal del humano es que este acto de reconocimiento de sí mismo en la imagen del otro, produce una agresividad correlativa a la estructura narcisista. La imagen del otro es vivida como un ataque a la propia constitución del sujeto. Es una encrucijada estructural que hace que el sujeto pueda fascinarse en una imagen alienada de sí mismo. La identificación imaginaria es un triunfo sobre la imagen fragmentada anterior al estadio del espejo, que es vivida como una amenaza a la integridad corporal y a la integridad del yo, por eso la agresividad siempre genera una intención de dislocación corporal, de destrucción de esa unidad imaginaria.

Frente a esta experiencia, el hombre violento reacciona ante la mujer como frente a la amenaza de un cuerpo fragmentado y de la mirada femenina, tomando la deriva de la paranoia y el narcisismo, que es correlativo a ese modo de identificación.

Reacciona con odio y con una tensión de destrucción hacia el cuerpo del otro temido, de su otro, la mujer, como una pasión del alma, que coloca el ser del otro en el odio.

Y la mujer, como la protagonista de la ***Mujer Zurda***, de Peter Handke, puede pedir al hombre que la abandone, que no lo necesita, que no precisa su espejo, ni su mirada para ser otra. Puede pedirle al hombre que salga del espejo de su mirada. Para algunos hombres esta experiencia de expulsión del campo de la mirada del Otro les resulta insoportable.

La mujer puede aparecer respecto del sexo masculino como otro radical, inclusive como una intrusa en su campo especular, como ***La Intrusa*** del cuento de Borges. Hay hombres que soportan muy mal todos los avances emancipatorios de la mujer y la feminización del mundo, anhelando retornar al orden falocéntrico.

Y finalmente, en lo simbólico, el hombre hasta el siglo XX asumió gozosamente el papel de garante del orden simbólico como padre soberano y perpetuador de la ley de consanguinidad y de filiación en torno al poder.

Hasta hace pocos años, el significante del nombre del padre designaba la función paterna ligada al engendramiento. Los modernos análisis biológicos permiten separar la nominación del nombre del padre y el engendramiento. El padre ya no sólo es incierto y puede ser otro diferente el garante del orden familiar. Así el patriarca puede ser mutilado en su función genitora y nominativa, al mismo tiempo que la expresión "el cabeza de familia", cae en desuso. La familia se hace coparental y finalmente la procreación y la fecundación in vitro escinden al hombre real de ese proceso e inaugura la familia monoparental.

El resultado de este circuito es un padre desfalleciente y la versión del Edipo dominante se torna más próxima a Edipo en Colona que en Tebas.

La mujer puede ser visualizada por el hombre como la que detenta el poder sobre la vida y la muerte.

Da vida a un nuevo ser y muerte al padre, sobre todo al dominar todo el proceso de la procreación. De este modo, del rol exclusivo de procreadora, pasa al placer y además puede atentar contra "el semen eucarístico" y criar a sus hijos en otro hogar, con otros padres, con otras madres, en una familia monoparental y por último el hijo puede adoptar el patronímico materno.

Es evidente que todo esto puede generar en el hombre no advertido y fijado en esquemas tradicionales, una desimbolización y el ingreso en un nuevo orden que si no se elabora puede conducir no solo al asesinato, sino al suicidio como cada vez es más habitual en la violencia de género, que tiene lugar cuando el sujeto pierde todo lugar simbólico.

Así el hombre, cuando mata a la mujer, a su mujer, a su pareja o ex pareja, que representa la ley, que le impone límites, que asume la función paterna para sus hijos, cree que no le queda más que matar y morir. Hay algo demasiado insoportable para los hombres que llegan a esa situación.

Los asesinos de mujeres están convencidos que era lo que tenían que hacer. No son en su mayoría actos impulsivos.

Cuando se entrevista a asesinos de mujeres justifican sus actos con la certeza de que las mujeres son inferiores, que ellos detentan el poder y que pueden usar la fuerza física para preservarlo.

Hace años, hubo un caso famoso en Argentina, el caso Barreda. Un odontólogo de la ciudad de La Plata, que mató a tiros de escopeta de caza a su mujer de 57 años, a su suegra de 86 y a sus dos hijas de 24 y 26 años.

Durante la fase de instrucción de este caso y de su confesión, el asesino justifica su acto diciendo que él vivía en un auténtico matriarcado y que se sentía un cero a la izquierda y que por lo tanto estaba obligado a "hacer justicia" y que era lo que "tenía que hacer". Esa frase "hacer justicia", la encontramos en muchos asesinos y funciona, como dice Lacan, como un "fenómeno elemental". Lo elemental, a pesar de que como lo dicho tiene una vertiente simbólica, también hay un resto de lo real en él, que permanece indestructible e inasimilable a ninguna significación. Y ese algo, es lo que lo empuja a un goce mortífero cuya certeza en el orden imaginario, hace inútil todo intento de reconocimiento y de arrepentimiento alguno.

Sintetizando, se puede ver cómo hay una idea en progresión de carácter inexorable que se torna imperiosa, y un pasaje al acto que lo libera de ese goce maligno y perverso que lo invade y que lo libera a través del acto.

Es evidente que la decadencia de la función paterna y la consistencia de lo imaginario producen un incremento de la pulsión de muerte. La caída del padre pone a los hombres en la situación de tener que ocupar un lugar degradado. Y esto no solo les resulta insoportable, sino que conduce a los hombres hacia una violencia inusitada hacia sus parteners.

Como dice Eric Laurent, el desafío y el reto para el hombre es definitivo: "O reconoce a su semejante, la mujer como una igual, no como una sombra, ni como el reflejo en el espejo de su fulgor imaginario, y no le queda más remedio que aceptar que la mujer es su síntoma y que su destino es creer en ella o el destino del hombre será el eclipse".

Una de las famosas "*Geschichten von Herrn Keuner*," de Bertold Brecht, se llama *Medidas contra la Violencia* y dice así:

"Cuando el sr. Keuner, el pensador, se pronunciaba contra la violencia en una sala, frente a mucha gente, advirtió que de pronto, los asistentes empezaban a retroceder ante él y a marcharse. Volvió la mirada y vio a sus espaldas, de pie...a la Violencia.

- ¿Qué estabas diciendo? -le preguntó La Violencia.

-Me pronunciaba en favor de la violencia- respondió el señor Keuner.

Cuando la Violencia se hubo marchado, sus discípulos le preguntaron dónde había dejado su valor. El sr. Keuner respondió:

-No tengo valor para dejarme vapulear. Precisamente porque debo vivir más que la Violencia.

Y el sr. Keuner relató la siguiente historia:

- "A casa del Sr. Egge, el que había aprendido a decir no, llegó un día, en la época de la ilegalidad, un agente que le mostró un documento expedido en nombre de quienes dominaban la ciudad y en el cual se decía que toda la vivienda en la que pusiera el pie pasaría a pertenecerle; también le pertenecería cualquier comida que pidiera y todo hombre que se cruzase en su camino debería asimismo servirle.

El agente se sentó en una silla, pidió comida, se lavó, se acostó y con la cara vuelta hacia la pared, poco antes de dormirse preguntó:

- ¿Estás dispuesto a servirme?

El sr. Egge lo cubrió con una manta, ahuyentó las moscas, veló su sueño y al igual que aquel día, lo siguió obedeciendo por espacio de siete años. No obstante, hiciera lo que hiciera por él, hubo una cosa de la que siempre se abstuvo: de decir ni siquiera una palabra.

Transcurridos los siete años, murió el agente, que había engordado de tanto comer, dormir y dar órdenes. El sr. Egge lo envolvió entonces en la manta ya podrida, lo arrastró fuera de la casa, lavó el camastro, enjébelo las paredes, lanzó un suspiro de alivio y respondió:

-NO".

La violencia contemporánea

Referencias Bibliográficas:

Arendt, Hannah: *Eichmann en Jerusalén*. Ed. De Bolsillo. Barcelona. 2011

Benjamín, Walter: *Crítica de la Violencia.* Biblioteca Nueva. Madrid. 2010

Borges, Jorge Luis: La Intrusa, (en el Informe de Brodie). Alianza Ed.1995

Brecht, Berthold*: Las Historias del Sr. Keuner.* Alianza Editorial. Madrid.1991

Caballé, Ana: *Umbral: El Frío de una Vida.* Espasa. 2003

Damasio, Antonio*: El Error de Descartes.* Ed. Crítica. 2003

Freud, Sigmund: *El Malestar en la Cultura.* Ob. Completas. Vol. III. Madrid. 1968

Freud, Sigmund: Consideraciones sobre la Guerra y Por qué La Guerra. Vol-II ".

Hanke, Peter: *La Mujer Zurda.* Alianza Editorial. Barcelona. 1977

Hobbes, Thomas: *Leviatán.* Editorial Losada. 2003

Holland, Jack: *Una breve Historia de la Misoginia.* Ed. Océano. México. 2010

Illis, Jacques y Crhista Meves: *La Agresividad Necesaria.* Ed. Sal Terrae. 1979

Lacan, Jacques: *La Agresividad en Psicoanálisis.* Escritos 2. Siglo XXI. 1980

Laurent, Eric: Cuerpos que buscan escritura. Ed. Paidós. Buenos Aires 2014

López y Unceta: *Facetas de lo Femenino en la Antigüedad.* Univ. Alicante. 2011

Lorente, Miguel: *Mi Marido me pega lo Normal.* Ed. Planeta. 2009.

Poggi, Dominique: *La Revolución Teórica de la Pornografía.* Ed. Ucronia. 1978

Rhodes, James: *Instrumental.* Ed. Blackie Books, pg. 268. Madrid. 2017

Biografía del Autor

Oscar Strada, Doctor en Psicología, Psicoanalista y Psicólogo Clínico. Dolores (Pcia. de Buenos Aires) Argentina. Ha sido Profesor en las Universidades de Mar del Plata, Murcia y Alicante. Ha sido Psicólogo Clínico en área de Salud Mental en Benidorm y Jefe de Bienestar Social en el Ayuntamiento de Sant Joan D'Alacant.

Se ha formado en la Sozial Psyquiatrische Klinik de la Universidad de Heidelberg y en el Campo Freudiano en España.

Ha publicado "El Asociacionismo en la Provincia de Alicante", " Discurso y Clínica Psicoanalítica ", "El Hilo de Lafargue",(novela) " Dolores, Tributo a Un Pueblo", y Política y Subjetividad. La Amistad Contra la Violencia

Ha sido distinguido con la Medalla de Oro como Psicólogo Clínico por la Fundación Foro Europeo 2013. Medalla de Oro al Mérito Profesional por el Colegio de Psicólogos de la Comunidad Valenciana en 2015 Reside en Alicante, España.

www.ingramcontent.com/pod-product-compliance
Lightning Source LLC
Chambersburg PA
CBHW031413250726
48656CB00002B/666